다 같이 돌자 직업 한 바퀴

글 이명랑
서울에서 태어나 1998년 장편소설《꽃을 던지고 싶다》를 발표하며 작품 활동을 시작했어요.
《삼오식당》《나의 이복형제들》《입술》《어느 휴양지에서》《구라짱》 등 어른들을 위한 책을 주로 썼어요.
그 뒤로《나는 개구리의 형님》《할머니의 정원》《작아진 균동이》《핑크 공주, 싫어 공주》
《틀니 괴물이 온다》《조웅전》 등의 작품들을 통해 어린이들의 마음을 사로잡고 있어요.
《내 마음을 아는지 모르는지》가 중학교 교과서에 수록되었어요.
현재 서울디지털대학교 문예창작학과에서 학생들을 가르치고 있어요.

그림 조경규
서울에서 태어나 미국 프랫인스티튜트에서 그래픽디자인을 공부했어요.
만화가, 일러스트레이터, 디자이너로 활동하고 있으며, 유치원에 다니는 두 아이의 아빠예요.
그동안 쓰고 그린 만화책으로는《오무라이스 잼잼》《반가워요 팬더댄스》 등이 있고,
《지도로 만나는 세계 친구들》《어린이 살아있는 한자 교과서》《옛날 옛적 지구에는…》
《귀신 잡는 방구 탐정》 등의 어린이책에 그림을 그렸어요.
좋아하는 음식은 햄버거와 감자튀김이에요.

다같이 돌자 직업 한 바퀴

이명랑 글 | 조경규 그림

주니어김영사

앗! 벌써 해가 떴네. 나는 이불을 박차고 후다닥 문밖으로 뛰어나갔어요.
야호! 오늘은 엄마보다 내가 빨랐어요.
아침에 문밖에 있는 우유를 먼저 가지고 들어오는 사람이
하루에 한 가지씩 원하는 걸 말할 수 있거든요.
오늘은 엄마한테 치킨 강정을 만들어 달라고 할 거예요.
우유 주머니에서 우유를 꺼내는데 씽, 자전거가 지나갔어요.
신문 배달원 아저씨가 앞집에 신문을 놓고 가네요.

아침 일찍 문을 열고 밖으로 나오면
아침을 활짝 열어 주는 분들이 놓고 간 선물을 만나게 돼요.
우리 집 문에 걸려 있는 우유도, 앞집 문 앞의 신문도,
모두 배달원 아저씨, 아줌마들이 날마다 우리에게 주는 선물이에요.
꿀꺽, 우유 한 컵을 단숨에 다 마셨어요. 마시기 싫던 흰 우유도
아침마다 받는 선물이라고 생각하면 정말 맛있다니까요!

우유 배달원은 우유 대리점에서 우유를 받아
약 새벽 3시 30분부터 아침 7시 사이에
고객에게 우유를 배달해요.

요구르트 배달원은 요구르트 회사에서
일정량의 요구르트를 받아 수레에 실은 뒤,
고객에게 배달을 하거나 판매해요.

신문 배달원은 신문 보급소에서 신문을 받아,
새벽부터 이른 아침까지 신문을 구독하는 집들에 배달해요.

"오늘 간식은 꼭 치킨 강정이에요!"
책가방을 메며 엄마한테 큰소리쳤어요. 일찍 일어나 우유도 가져오고, 투정도 부리지 않았더니 엄마는 기분이 좋은가 봐요.
새끼손가락까지 걸며 알았다고 했죠.
"학교 다녀오겠습니다!"
나는 힘차게 인사하고 밖으로 나갔어요.

"좋은 아침입니다!"
옆집 민석이 아빠도, 앞집 다정이 아빠도 서로 인사하며 바쁘게 걸어갔어요.
발걸음을 서두르며 출근하는 아저씨들 곁으로
세탁소 아저씨가 지나갔어요.
세탁소 아저씨는 깨끗이 손질한 옷가지를 어깨에 메고
다정이네 초인종을 눌렀어요.

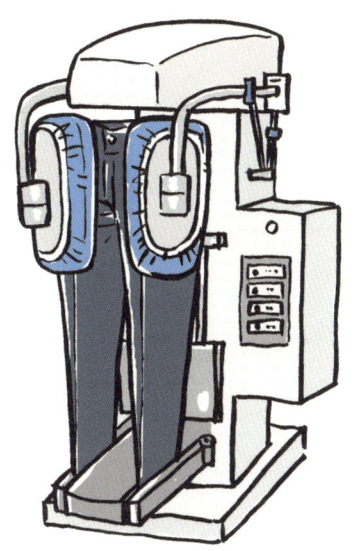
자동으로 하의를 다리는 기계, **하의 프레스**

드라이클리닝용 **세탁기**

세탁소에서는 옷을 세탁하고 다리고,
헐거나 뜯어진 부분을 **수선**해요.

그런데 저기 위에 매달린 사람은 대체 누굴까요?
학교 가는 길에 있는 높다란 전봇대 위에
어떤 사람이 아슬하게 매달려 있어요.
떨어질까 불안해요.
'무슨 일이지?' 하고 눈을 크게 떴어요.
"아저씨! 거기서 뭐 하세요?"
위를 향해 소리쳤어요.
전봇대에 올라가면 정말 위험하잖아요.

"어? 나 말이니? 전선을 손보고 있지. 아저씨가 하는 일이란다!"
전봇대에 매달린 아저씨가 껄껄 웃으며 말했어요.
전선이 오래되면 전선 비닐이 벗겨지기도 하고,
눈이 많이 오면 전선이 끊어지기도 한대요.
전선이 망가지면 전기에 감전될 위험이 있어서, 큰 사고가 나기 전에
아저씨 같은 전문가가 전선을 미리 살펴보는 거래요.
"애들은 절대로 흉내 내면 안 된다!"

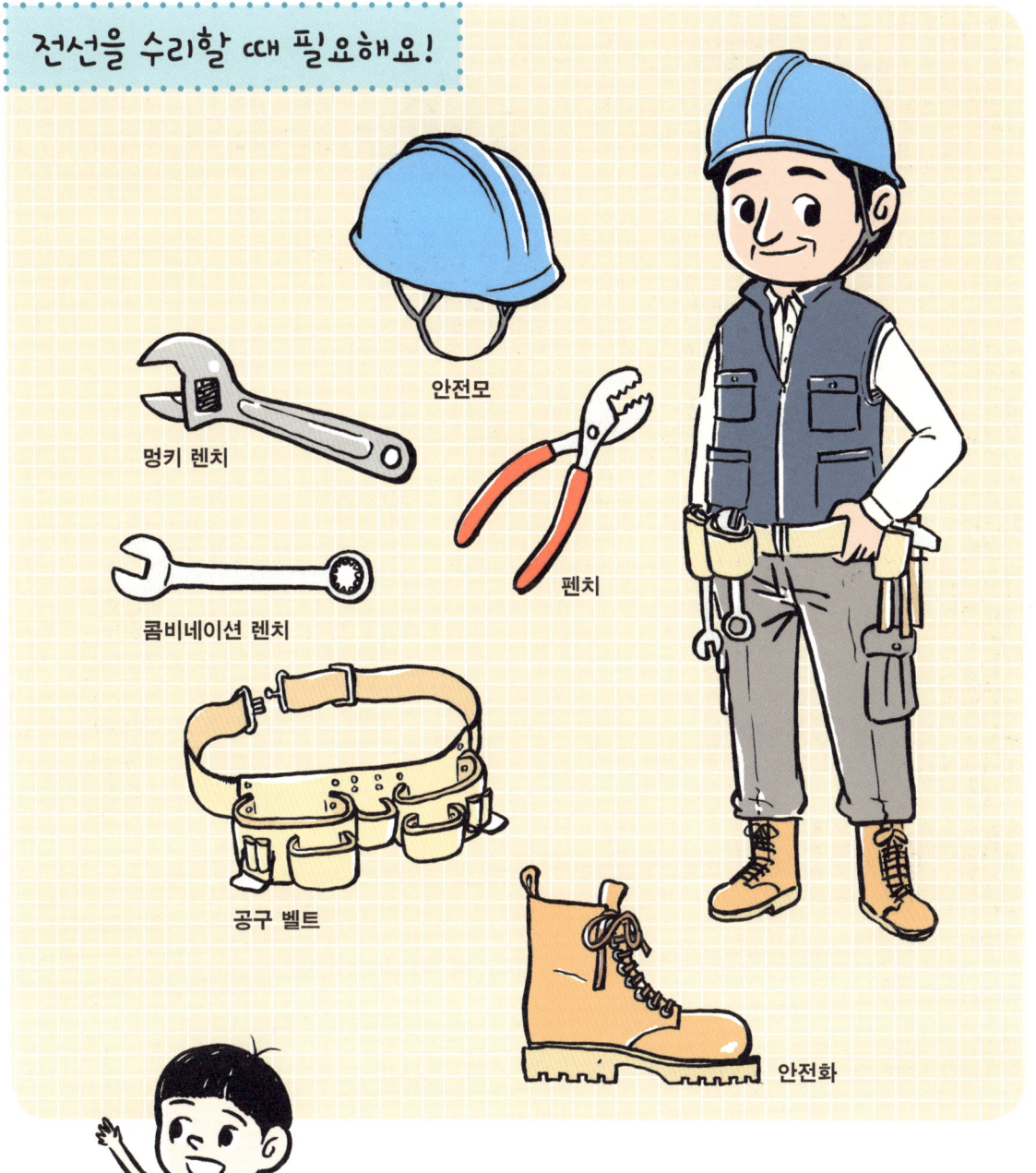

전선을 수리할 때 필요해요!

안전모
멍키 렌치
펜치
콤비네이션 렌치
공구 벨트
안전화

배전 전기원 아저씨 머리 위에 쭉쭉 뻗어 있던 전선들도 흔들거리며 아저씨 말에 맞장구를 쳤어요.

호로로 호로로. 호루라기 소리가 들렸어요.
학교 앞 횡단보도에서 경찰관 아저씨가 교통정리를 하고 있네요.
쌩쌩 달려오던 자동차들도 경찰관 아저씨가 호루라기를 불며
위로 번쩍 손을 들어 올리면, 속도를 줄이고 정지선에 멈춰 서요.
다시 호루라기 소리가 들리면 건널목 앞에 서 있던 사람들이 횡단보도를
건너가지요. 어? 저기 내가 좋아하는 다정이도 횡단보도를 건너가고 있네요.
집에서 조금 빨리 나왔더라면 다정이랑 같이 갈 수도 있었을 텐데······.
너무 아쉬워요.

경찰관 아저씨는 항상 멋진 제복을 입고 있어요.
경찰관 중에는 도로에 나와 교통정리를 하는 분도 있고,
도둑을 잡거나 순찰차를 타고 다니며 동네를 살피는 분도 있어요.
경찰관이 되면 정말 바쁠 것 같아요.
교통정리도 해야 하고, 도둑도 잡아야 하고,
밤에도 동네를 돌며 지켜야 하잖아요.

경찰관은 우리 주변의 범죄와 각종 안전사고를 예방하기 위해 **순찰**을 해요.

수상한 사람을 **검문검색**하거나, 범죄 현장으로 **출동**해 범죄자를 잡아요.

절도·강도·폭력 등을 저지른 범죄자를 **검거**해요.

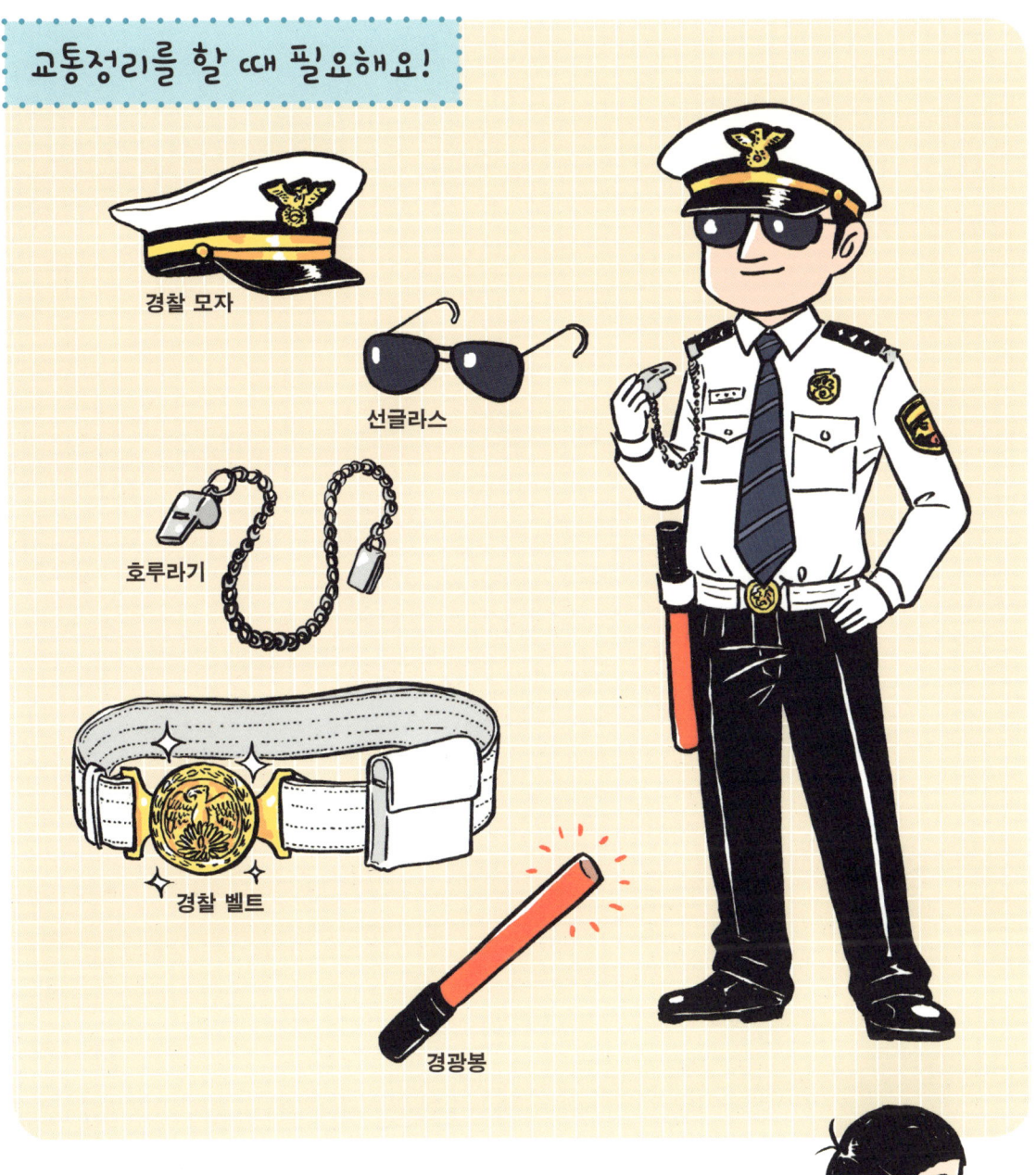

호로로 호로로.
경찰관 아저씨가 호루라기를 불며 손짓을 했어요.
어느새 신호등의 빨간불이 파란불로 바뀌었어요.
나도 얼른 횡단보도를 건너갔어요.

"수고하십니다!"
앞서 가며 선생님들에게 인사하는 분은 우리 학교 교장 선생님이에요.
겉보기엔 엄한 할아버지 같지만 화단의 꽃들까지
정성스레 보살피는 마음 좋은 분이에요.
교장 선생님 옆에 가는 분은 체육 선생님이고요.
긴 머리를 찰랑거리며 이제 막 건물 안으로 들어가는 분은
보건 선생님이랍니다.
"안녕!"
우리 반에서 제일 키가 큰 현우가 인사했어요.
나도 방긋 웃으며 "안녕!" 했지요.

"신발은 잘 털어서 넣어야지?"
운동화를 벗을 때였어요. 누가 다정하게 말을 거는 거예요.
누군가 하고 봤더니, 방과후 컴퓨터 선생님이었어요.
형들 말로는 방과후 컴퓨터 수업을 들으면 내가 찍은 사진으로
움직이는 동영상도 만들 수 있대요. 다음엔 나도 컴퓨터를 배워야겠어요.

방과후지도사는 방과 후에 학생들의 학습과 특기적성 지도를 맡아요.

체육 선생님은 학생들의 건강을 유지하고 체력 향상을 돕는 체육 수업을 진행해요.

양호실에 있는 **보건 선생님**은 학생들과 교직원의 보건 교육, 건강 관리 및 상담에 관한 일을 해요.

도서관에 있는 **사서 선생님**은 책을 수집·정리·보관하고, 대출해 줘요.

아차차! 이렇게 계속 딴 생각을 하고 있다간 지각할지도 몰라요.
얼른 교실로 들어갔더니 담임선생님이 벌써 와서 동화책을 고르고 있었어요.
우리 담임선생님은 아침마다 우리에게 동화책을 한 권씩 읽어 줘요.

"현상아! 여기!"
수업을 마치고 학교에서 나오는데 엄마가 손을 흔들었어요.
장바구니를 갖고 온 걸 보니 마트에 갈 건가 봐요.
맛있는 치킨 강정 생각에 얼른 엄마한테 뛰어갔어요.
"먼저 주민센터에 들렀다 가자. 아빠가 주차 신청을 해 달랬거든."
"주차 신청이오?"
나는 고개를 갸웃했어요.

"집 안에 주차장이 없는 집들도 많지?
주민센터에 주차 신청을 하면
집 근처 주차 구획에 차를 세워 둘 수가 있단다.
오늘이 신청 마지막 날인데 아빠가 너무 바쁘다잖아."

차례를 기다리는 동안 주민센터에서 하는 일을 엄마가 설명해 줬어요.
주민등록증을 만들어 주고, 이사 온 주민들의 주소도 옮겨 주고,
아기가 태어났다는 걸 나라에 알리는 서류도 만들어 준대요.
"그뿐인 줄 아니? 요새는 주민센터에서 주민들을 위해 다양한
문화 교실도 연단다. 자, 그럼 여기서 현상이한테 문제 하나 내 볼까?
정답을 맞히면 아이스크림 하나! 주민센터나 구청에서 국민들을 위해
일하는 분들을 뭐라고 부를까?"

"정답! 공무원!"
나는 오른손을 번쩍 들고 큰 소리로 대답했어요.
그랬더니 창구에 앉아 있는 공무원들이 하하하 호호호 웃었어요.
그 웃는 모습이 옆집 아저씨, 아줌마처럼 무척이나 친근하게 느껴졌어요.

주민센터에서 일하는 공무원은 **일반 공무원**으로, 주민등록·출생·사망·혼인·이혼·가족관계증명서 등 주민의 일상생활과 관련된 서류를 만들고, 민원을 처리해요.

주민센터에 방문하기 어렵거나, 주민센터 업무가 끝난 시간에는 **무인민원발급기**를 통해 필요한 민원서류를 발급받을 수 있어요.

주민센터에서는 주민들을 위한 다양한 **문화 교실**을 운영해요.

주민센터에서 나와 은행으로 갔어요.
순번 대기표를 뽑고 차례를 기다렸지요.
창구 앞에도, 자동화기기 앞에도 사람들이 서 있었어요.
저금하러 온 사람도 있고, 저금한 돈을 찾으러 온 사람도 있었답니다.
지팡이를 짚고 온 할아버지가 두리번거리자, 안내원이 친절하게 물었어요.
"무엇을 도와 드릴까요?"

할아버지는 전기세를 내러 왔다고 말했어요.
안내원은 할아버지를 공과금 내는 기계 앞으로 모시고 갔어요.
할아버지는 안내원의 설명에 따라 먼저 기계에 통장을 넣었어요.
그리고 나서 전기세 고지서를 넣고, 통장 비밀번호를 눌렀죠.
"고맙네, 젊은이."
할아버지가 활짝 웃으며 돌아섰어요.

은행원 머리 위의 번호판에서 번호가 바뀌었어요.
"111번 고객님!"
나는 손에 쥐고 있던 순번 대기표를 내려다봤죠. 드디어 우리 차례예요!
엄마는 얼마 전에 잃어버린 현금인출카드를 새로 만들려고 했어요.
현금인출카드가 있으면 에이티엠(ATM)에서도 돈을 찾을 수 있거든요.
은행원은 엄마의 주민등록증을 살펴보고 새로운 카드를 만들어 줬어요.
"카드 잃어버리고 한동안 불편했는데, 이제 됐다.
참, 엄마가 네 통장도 가져왔는데, 저금하고 갈래?"
난 주머니에 손을 집어넣었어요.

지난주에 심부름을 하고서 아빠에게 받아 모은 지폐가 만져졌지요.
꼬깃꼬깃한 지폐를 펴서 통장과 함께 은행원에게 내밀었어요.
"모두 제 통장에 넣어 주세요! 미래의 내 자산이에요."
내 말에 은행원도 엄마도 껄껄껄 깔깔깔 웃었어요.

은행 업무를 볼 때 필요해요!

계산기

통장

도장

현금인출카드

인주

현금

지폐계수기

"그건 그렇고, 도시락은 뭘로 할까? 유부초밥? 아니면 김밥?"
"도시락요?"
"내일 아빠랑 자연휴양림에 놀러 가기로 했잖아."
맞다! 내일이 바로 그날이네요! 나는 잽싸게 은행 문을 열었어요.
그러고는 엄마와 우리 동네 슈퍼마켓으로 갔지요.
"어서 오세요!"
계산대에 서 있던 주인 아줌마가 반갑게 인사를 했어요.
"엄마, 난 김밥이 더 좋아요!"

엄마는 김밥 재료를 골랐어요. 치킨 강정을 만들 닭고기도 물론 챙겼고요.
"그런데 오늘은 식빵이 없네요? 샌드위치도 만들어 볼까 했는데……."
엄마는 빵 진열대를 주욱 둘러봤어요.
"죄송해요. 아침에 다 떨어져서 주문을 해 놨는데, 아직 안 왔네요."
주인 아줌마가 미안해하며 문밖까지 나와 배웅을 해 줬어요.

엄마와 나는 슈퍼마켓에서 나와 빵집으로 향했어요.
그런데 갑자기 궁금해졌어요.
주민센터에서 일하는 사람은 공무원이라고 하잖아요,
은행에서 일하는 사람은 은행원이라고 하고요.
그럼 슈퍼마켓이나 빵집을 하는 사람은 대체 뭐라고 부르죠?

"자기 힘으로 슈퍼마켓이나 빵집 같은 가게를 꾸리거나 사업을 하는 사람을 자영업자라고 하지."
"그럼 학교 앞 문방구 아저씨도 치킨 가게 아저씨도 모두 자영업자네요?"
"우리 아들 똑똑하기도 하지. 하나를 가르쳐 줬더니 열을 아는구나!"
엄마의 칭찬에 나는 어깨를 으쓱했답니다.

빵집에서 나와 미용실 앞을 지나칠 때였어요.
"현상아! 네가 보기에도 엄마 머리가 너무 길지?"
엄마와 나는 미용실 안으로 들어갔어요.
문을 열자 파마 약 냄새와 향긋한 샴푸 냄새가 났지요.
엄마는 미용사와 머리 모양에 대해 이야기했어요.
"앞머리를 살짝 내리면 얼굴이 더 갸름해 보일 것 같은데요?"
미용사는 한 번 쓱 보고도 엄마한테 어울리는
머리 모양을 아나 봐요.
엄마가 머리를 감는 동안 미용사가 내 앞으로 왔어요.
철컹철컹 사르르! 철컹철컹 사르르!
미용사 가위가 한 번 지나갈 때마다
삐죽삐죽 고슴도치 털처럼 솟아 있던
내 머리카락도 가지런히 정리됐어요.

"어쩜 이렇게 잘 다듬어요? 미용사 누나의 가위는 마법 가위인가 봐요?"
"뭐? 마법 가위?"
내 말에 미용사가 깔깔 웃었어요. 언제 들어왔는지 다정이도 미용사 옆에 서 있었어요. 그 바람에 나는 얼굴이 홍당무처럼 빨개졌지 뭐예요.
미용사가 내 머리카락을 자르는 동안 다정이는 차례를 기다렸어요.
내가 좋아하는 다정이가 보고 있어서 그런지
괜히 땀이 나고 얼굴도 달아올랐어요.
"자, 다 됐다! 그런데 열이 좀 있는 것 같은데?"
내 이마를 짚어 본 미용사가 깜짝 놀라 말했어요.
엄마도 내 이마를 만져 보고는 고개를 갸웃했어요.
"정말 열이 있네? 아무래도 병원에 가 봐야겠다."

머리 모양을 꾸밀 때 필요해요!

- 헤어드라이어
- 커트 가위
- 숱 가위
- 빗
- 집게 핀
- 이발기
- 샴푸와 컨디셔너
- 파마 약과 염색 약

나는 괜찮다고 했어요. 다정이를 우연히 만나 부끄러웠던 것뿐이니까요.
그런데도 엄마는 늘 가는 소아과로 나를 데려갔어요.
"보기보다 열이 많이 있네? 주사 맞고 약을 먹으면 곧 나을 거야."
의사 선생님 말에 나는 스프링처럼 튀어 올랐어요.
주사라니요! 나는 절대로 주사는 맞지 않겠다고 떼를 썼어요.

그랬더니 의사 선생님이 내 머리를 쓰다듬으며 약속했어요.
"간호사 누나에게 아프지 않게 놔 달라고 할게. 약속!"
의사 선생님은 새끼손가락을 내밀었어요.
새끼손가락까지 걸고 약속했으니 한번 믿어 보는 수밖에요.

간호사 누나를 따라 주사실로 갔어요.
주사기를 보자마자 나는 움찔 겁을 먹었어요.
"현상이는 좋아하는 여자 친구 없니? 여자 친구 이름 한번 불러 볼래?"
세상에! 커다란 주사를 들고 있는 간호사 누나한테 내 비밀을 말하라고요?
엄마 아빠한테도 말하지 않은 특급 비밀을 말이에요.
나는 큰 소리로 "싫어요! 말 안 해요!"라고 외쳤어요.
이때 간호사 누나가 찰싹 내 엉덩이를 때리면서
눈 깜짝할 새에 주사를 놓은 거 있죠?
그런데 신기하게 하나도 아프지 않았어요.
간호사 누나가 빈 주사기를 내보이며
눈을 찡긋했어요.
"자, 이거 갖고 약국에 가서 약을 지으렴."
간호사 누나가 창구에서
종이 한 장을 건네줬어요.

아픈 사람을 돌보기 위해 필요해요!

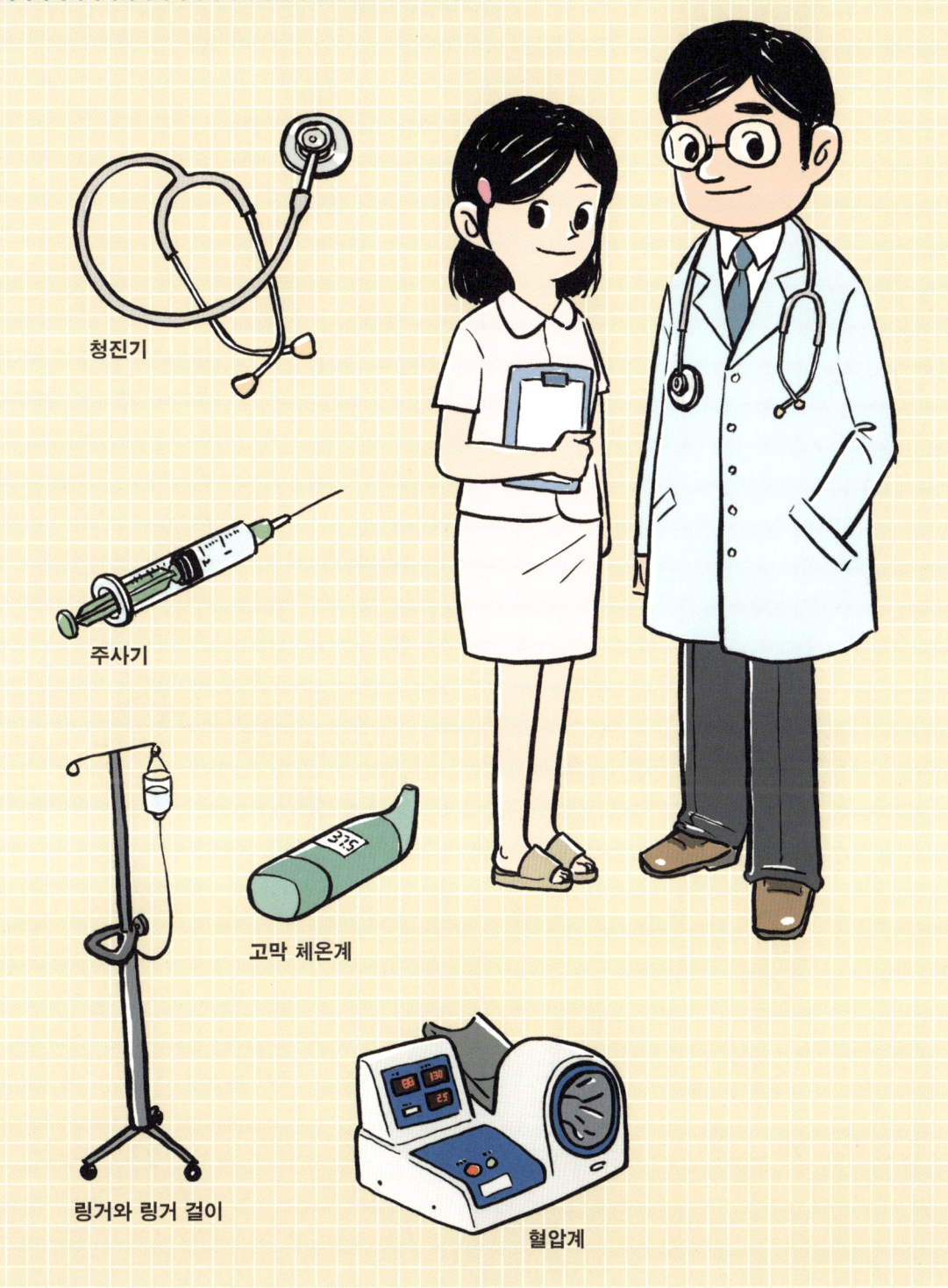

청진기

주사기

링거와 링거 걸이

고막 체온계

혈압계

엄마와 나는 병원에서 받은 종이를 들고 아빠가 일하는 약국으로 갔어요.
우리 아빠는 동네에서 친절하기로 유명한 약사랍니다.
아빠는 조제실에서 약을 짓고 있는지 보이지 않았어요.
약국 안에는 약을 지으러 온 사람들이 여러 명 있었어요.

의자에 앉아 기다리는데, 아빠가 약 봉투를 들고 나왔어요.
나는 쪼르르 아빠한테 달려가 병원에서 받은 종이를 내밀었어요.
"아빠! 이 종이는 뭐라고 불러요?"
"이 종이는 '처방전'이라고 한단다. 의사 선생님만 쓸 수 있지.
아빠는 이 처방전을 보고 환자에게 알맞은 약을 지어 주지."
나는 들고 있던 종이를 다시 한 번 들여다봤어요.
이 종이가 그렇게 중요한 건 줄은 몰랐어요.
아빠는 내 처방전과 이제 막 문을 열고 들어온 아줌마가 내민
처방전을 들고 다시 조제실로 들어갔어요.
얼마 후, 아빠가 약 봉투와 물약을 들고 나왔어요.
"열이 있으니까 우선 이 시럽부터 먹을까?"
아빠는 작은 스푼에 빨간 시럽을 따랐어요.
나는 꿀꺽, 시럽을 한입에 다 삼켰어요.
늘 같은 자리에서 친구처럼, 가족처럼 환자를 기다리고
환자의 건강을 챙겨 줄 때 가장 큰 보람을 느낀다는 아빠!
우리 동네 '보람 약국' 약사가 따라 준 시럽은
사탕보다도 달콤했어요.

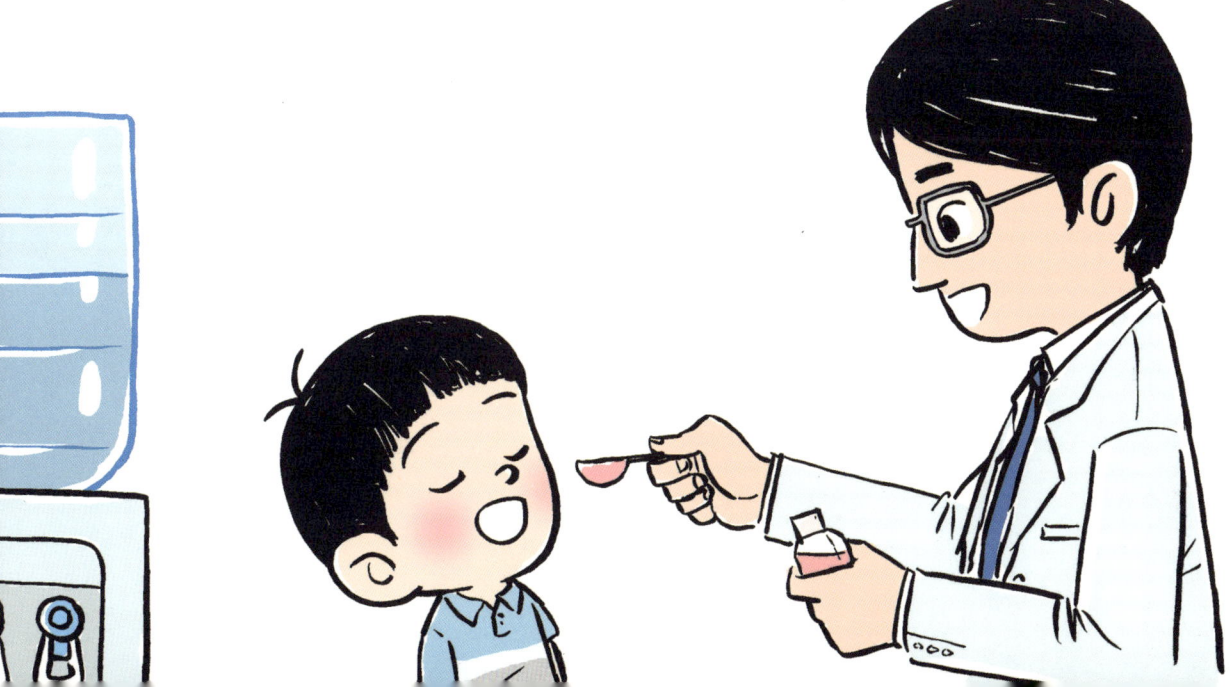

딩동. 집에 도착해 장바구니를 내려놓자마자 초인종이 울렸어요.
"누구세요?"
"택배입니다!"
"택배? 누가 뭘 보냈지?"
엄마가 고개를 갸웃거리며 문을 열었어요.
우편집배원이 커다란 상자를 내밀었어요.
"물건이 꽤 무거운데 제가 주방까지 들어 드릴까요?"

우편집배원이 주방 식탁까지 상자를 옮겨 줬어요.
나는 얼른 주스를 컵에 따라 아저씨에게 건넸어요.
"고맙다."
"아저씨! 이렇게 물건을 택배로 보내려면 어떻게 해야 돼요?"
"전화나 인터넷으로 택배 신청을 하거나 우체국으로 직접 와서
신청하면 돼. 그러면 우리가 고객의 집으로 물건을 가지러 가지."
"아하, 그렇구나!"
우편집배원은 주스를 맛있게 마시고는 서둘러 나갔어요.
다른 집에도 빨리 우편물을 배달해 줘야 한대요.

할머니는 현상이네로 보낼 김치를 포장하고 **우체국 택배**에 전화를 걸었어요.

우편집배원이 택배 물건을 받으러 할머니의 집으로 찾아왔어요.

택배 물건을 **트럭**에 실어요.

우편집중국에서는 우편물과 택배 물건을 지역별로 분류한 뒤, 각 우편물을 받을 지역의 우편집중국으로 다시 보내요.

그곳에서 최종적으로 **우편집배원**이 물건을 받아 배달을 해요.

"세상에! 할머니가 현상이가 좋아하는 백김치도 보내셨네?"
우편집배원이 주방 식탁에 올려 준 택배 상자를 뜯자마자
새콤한 김치 냄새가 났어요.
"어때? 맛있지?"
엄마가 아직 자르지 않은 백김치를 손가락으로
죽죽 찢어 내 입에 쏙 넣어 줬어요.
할머니가 보낸 백김치는 진짜 '할머니 맛'이에요.
소르르 잠이 오는 할머니 품처럼 구수한 김치 맛!
그 맛을 아는 애는 이 세상에 나밖에 없을걸요?

"그럼 내일 놀러 갈 때 김밥이랑 샌드위치랑 할머니가 보낸 백김치를
썰어 가면 되겠다. 또 뭐 가져가서 먹고 싶은 거 없어?"
엄마가 김밥 재료들을 늘어놓으며 물었어요.
"치킨 강정! 오늘도 먹고 내일도 먹을래요!"
"알았어. 엄마는 치킨 강정을 만들 테니까 현상이가 이 맛살 좀 찢어 줄래?
김밥에 넣을 거니까 세로로 길게!"

나는 식탁에 앉아 맛살을 손으로 찢었지요.
그 다음에는 큰 그릇에 계란을 깨 넣었어요.
거품기로 계란 노른자를 저어 김밥에 넣을 계란부침을 만들 준비를 했지요.
씻고 썰고 찢고 다지고 볶고!
요리하는 것도 꽤 재미있네요.

"이 다음에 우리 현상이는 요리사가 되어도 좋겠는걸?"
"정말이에요?"
"그래. 이렇게 엄마를 잘 도와주는 걸 보니 자질이 충분한데?"
"요리사가 되려면 어떻게 해야 해요?"
"요리사는 요리를 먹으러 오는 손님들을 위해 음식을 만드는 사람이잖아.
그러니까 요리사가 되려면 무엇보다 음식 만드는 걸 좋아해야 해.
또한 자기만의 새로운 요리를 만들기 위해 항상 공부하고 연구해야 하고."

한식 요리사

일식 요리사

중식 요리사

양식 요리사

"우아! 엄마는 요리사에 대해 많이 알고 있네요?"
"당연하지! 엄마도 우리 집 최고의 요리사니까.
아빠가 아플 때나 현상이가 친구들과 싸우고 왔을 때는
어떤 요리가 좋을까, 엄마도 늘 연구한단다!
이 치킨 강정도 엄마가 개발한 소스로 버무렸어."
우리 집 최고의 요리사가 만든 치킨 강정은
따끈따끈 바삭바삭 새콤달콤!
정말 아무나 흉내 낼 수 없는 최고의 맛이에요.

"이야, 이 고소한 냄새는 뭘까?"
아빠가 현관에서부터 코를 킁킁대며 거실로 들어왔어요.
나는 얼른 치킨 강정 한 조각을 가져왔어요.
아빠 입에 쏙 넣어 줬지요.
"내일 놀러 가서 먹을 거예요. 엄마랑 내가 김밥도 싸고
샌드위치도 만들어 놨어요!"
"그래? 내일 날씨가 좋아야 하는데……."

아빠는 오물오물 치킨 강정을 씹으며 텔레비전을 켰어요.
엄마도 나도 아빠 옆으로 가서 앉았어요. 저녁 뉴스가 끝나 갈 즈음에
예쁜 누나가 나와 "내일의 날씨를 알려 드리겠습니다."라고 했어요.
"내일의 날씨다!"
내 말에 아빠도 엄마도 이야기를 멈추고
조용히 텔레비전을 들여다봤죠.

텔레비전에 나온 예쁜 누나가 내일 날씨는 정말 맑을 거래요!
"만세!"
우리 모두 만세를 불렀어요.
나보다 더 기뻐하는 아빠와 엄마를 보니 조금 우스웠어요.

"그런데 날씨는 예쁜 누나들만 알려 줄 수 있는 거예요?"
"그건 아니지. 저 누나처럼 뉴스에서 날씨를 예보하는 사람을
기상 캐스터라고 한단다."
"기상 캐스터가 되면 다른 사람들보다 날씨를
미리 알 수 있어 좋을 것 같아요."
"우리 현상이도 기상 캐스터가 되고 싶니?"
아빠 질문에 나는 고개를 갸웃했어요.

경찰관이 되면 멋진 제복을 입을 수 있고,
의사가 되면 아픈 사람들을 치료해 줄 수 있고,
요리사가 되면 세계 여러 나라의 음식들을 다 맛볼 수 있는데…….
나는 커서 뭐가 될까요? 어떤 일을 하는 사람이 될까요?

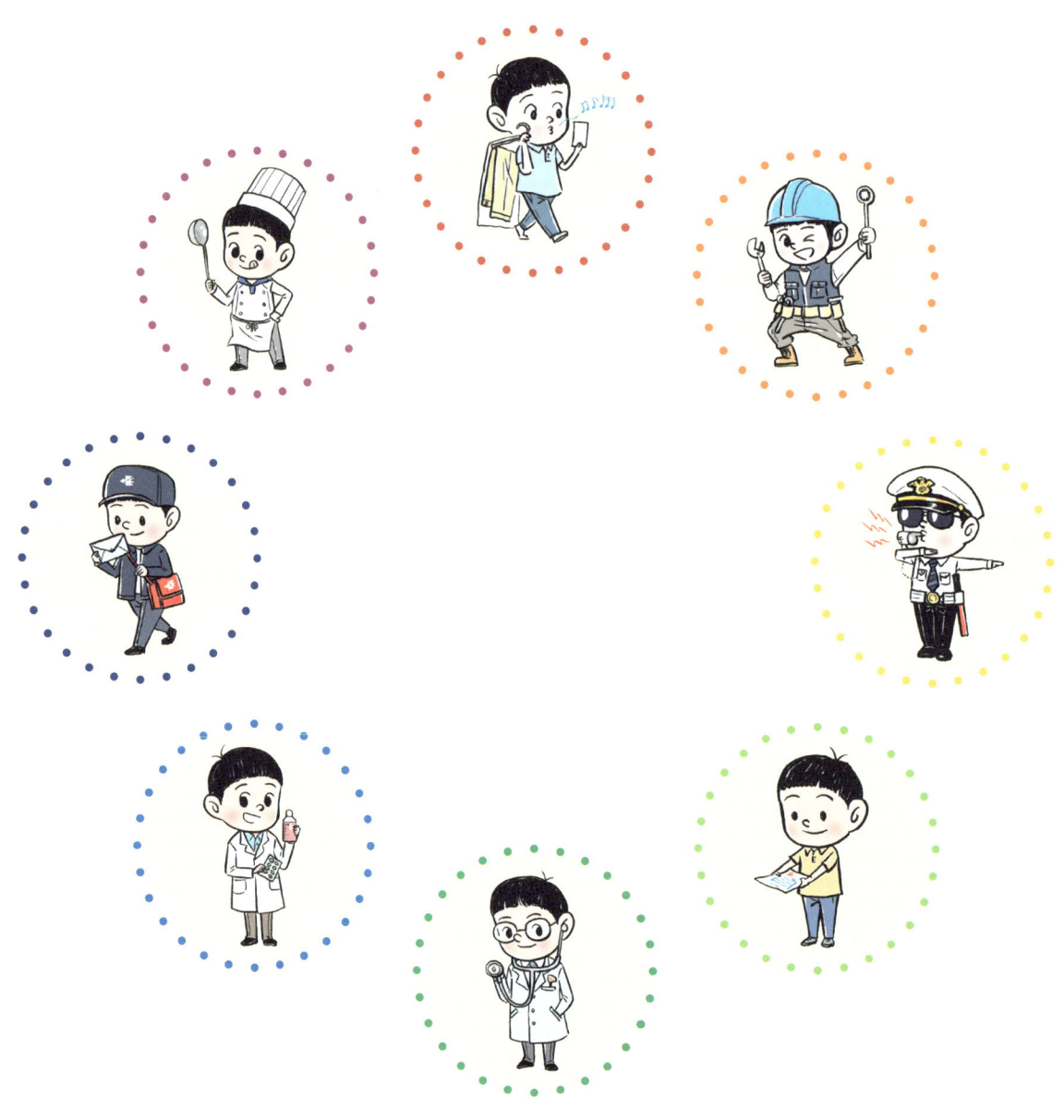

"걱정 마라. 현상이는 앞으로 무슨 일이든 다 할 수 있고,
어떤 사람이든 될 수 있단다."
나도 알아요. 그래도 딱 한 가지 절대로 잊으면 안 되는 게 있어요.
"저는요! 이 다음에 내가 진짜 행복할 수 있는 일을 할 거예요!"
"이런, 이런! 우리 현상이가 아빠 엄마보다 훨씬 낫구나!"
아빠 엄마가 껄껄껄 호호호 웃었어요. 내일은 또 어떤 일로
우리 가족이 웃게 될까요? 벌써부터 내일이 기다려지는 거 있죠?

하루 동안 만난 우리 동네 일꾼들

우유 배달원
우유 대리점에서 우유를 받아, 우유 배달을 신청한 고객들의 집으로 우유를 가져다주는 사람이에요. 차량, 오토바이, 자전거, 손수레 등을 이용해 배달해요.

세탁소 주인
빨래, 다림질, 수선 등을 해 주는 세탁업을 하는 사람이에요. 세탁 기술을 가지고 직접 세탁소를 경영하는 자영업자예요.

배전 전기원
전봇대에 흐르는 2만 2000볼트의 전기가 가정에서 쓸 수 있는 220볼트가 되도록 변압기를 설치하고 관리하는 일을 해요. 고압 전류가 흐르는 전선을 만지는 일이라, 안전사고에 특히 유의해야 하는 직업이에요.

경찰관
우리 사회의 법과 질서를 유지하고, 법을 어기는 사람들로부터 개인의 생명과 재산을 보호해 주며, 법을 위반한 사람들을 체포하는 사람이에요. 우리 주변의 범죄를 예방하고 이미 일어난 범죄를 수사하며, 교통·보안 등의 업무를 통해 24시간 국민의 안전을 지켜 줘요.

초등학교 선생님
초등학생들에게 교과목을 가르치고, 교과 학습 지도 외에 인성, 생활 등을 지도하며 아이들의 사회성이 올바르게 자랄 수 있도록 도와줍니다. 급식 지도나 등·하굣길 지도 같은 기본 생활 습관을 가르치고, 학교 안에서 학생들의 안전을 책임지는 역할을 해요.

일반 공무원
주민센터나 구청 등 중앙 행정 기관이나 지방 행정 기관에서 근무해요. 주민등록·출생·사망·혼인·이혼·가족관계증명서 등과 같은 국가 제도에 관한 각종 서류를 만들어 주며 국민을 위한 업무를 처리해요. 국민이 생활에서 겪는 문제와 불편을 직접 해결해 주기도 해요.

은행원
은행 창구에 앉아 고객을 맞는 사람이에요. 은행을 찾은 고객에게 통장을 만들어 주거나, 고객의 돈을 저금하는 일, 저금한 돈을 찾는 일, 은행을 통해 다른 사람에게 돈을 보내 주는 일 등 고객이 은행 거래를 하는 데 가장 큰 도움을 주지요.

슈퍼마켓 주인
식료품, 일용 잡화 등의 가정용품을 갖추어 놓고 파는 슈퍼마켓을 운영하는 사람이에요. 물건의 판매와 관리를 책임지는 자영업자예요.

미용사
미용실에서 고객의 머리를 손질하고, 고객이 원하는 머리 모양이나 고객에게 어울리는 머리 모양을 연출하는 일을 해요. 커트, 파마, 염색 등으로 머리 모양을 다양하게 만들고, 늘 새로운 머리 모양을 연구하고 배워요.

의사
의학 지식을 바탕으로 아픈 사람의 몸과 마음을 진찰해 병의 원인을 찾고, 아픈 곳을 치료해 주는 사람이에요. 새로운 질병에 대해 연구하고 조사하며 의학 기술을 개발하기도 해요.

간호사
의사의 진료를 돕고 환자를 돌보는 사람이에요. 환자의 상태를 파악하기 위해 혈압, 체온 등을 측정하고 환자의 상태와 반응을 기록해요. 의사의 지시에 따라 환자에게 주사를 놓고 약을 바르는 등 환자를 치료하기도 해요.

약사
의사가 발행한 처방전을 검토하고 약을 조제하는 일을 해요. 처방전이 필요 없는 일반 약을 증상에 맞게 권해 주기도 하고요. 약을 먹는 방법과 부작용을 설명하고, 질병 치료와 건강을 위한 상담을 해 주는 일을 해요.

우편집배원
우편물을 수집하고 배달하는 사람이에요. 관할 우체통에서 우편물을 수거하여 우체국에 와서 정리한 후 우편집중국으로 발송하는 일을 담당해요. 배달 업무는 관할 지역의 주소지에 따라 우편물을 구분하고 주소지로 배달하는 일이에요.

요리사
음식점이나 레스토랑에서 전문적으로 요리를 하는 사람이에요. 고객이 주문한 주문서에 맞춰 음식의 재료를 준비해 음식을 요리해요. 음식의 맛뿐 아니라 영양과 위생을 생각하며, 더 맛있고 새로운 요리를 만들기 위해 많은 노력을 해요.

기상 캐스터
우리의 생활에 중요한 날씨를 예보하는 사람이에요. 기상청에서 들어오는 날씨 상황, 위성에서 직접 받은 구름 사진을 기본으로 일기 예보를 해요. 텔레비전과 라디오에서 활동하는 기상 캐스터 중에는 천문기상학이나 수학을 전공한 사람들이 많아요.

 ## 다 같이 돌자, 동네 한 바퀴!

어느 날 아들이 물었어요.
"엄마, 우리 집 우물은 어디에 있어요?"
"우물? 우리 집에 무슨 우물이 있다는 거니?"
나는 눈을 크게 떴어요. 우리 집 우물이라니? 이게 다 무슨 소리지?
내가 놀란 듯 눈을 깜빡이자, 아들은 나보다 더 놀란 얼굴로 눈을 깜빡이는 거예요.
그러고는 정말 깜짝 놀라서 물었어요.
"엄마! 우리 집엔 정말로 우물이 없어요? 우물이 없으면 돈을 길어 올릴 수가 없잖아요?
그럼 지금까지 우린 무슨 돈으로 쌀도 사고, 장난감도 샀어요?"
아들은 연신 고개를 갸웃거렸어요.
그 모습이 엉뚱하고, 귀엽고, 황당해서 나는 그만 하하하 웃고 말았지요.
그러니까 아들은 집집마다 커다란 우물을 갖고 있는 줄 알았던 거예요.
돈이 가득 든 우물 말이에요.
그리고 그 우물에서 길어 올린 돈으로 쌀도 사고, 장난감도 사고,
옷도 사는 거라고 믿고 있었지 뭐예요.
그날 난 아들을 품에 꼭 안아 주었어요.
'이제 이 작은 아이가 세상에 눈뜨기 시작했구나!'
기쁜 마음에 난 내 품에 안겨 있는 아들을 더 꼭 안아 주었어요.
그런 다음에는 아들의 손을 잡고 집 밖으로 나갔답니다.
무심히 지나쳤던 빵집과 약국과 학교와 슈퍼마켓에 들렀어요.
함께 손을 잡고 동네 한 바퀴를 돌며, 우리의 허기진 배를 채워 주는 쌀,
친구들과의 행복한 시간을 만들어 주는 장난감, 추위를 막아 주는 옷……,

그 외에도 우리가 살아가는 데 꼭 필요한 많은 것들을 사게 하는 돈을
사람들이 어디서 어떻게 길어 올리는지 두 눈으로 직접 보고 확인했지요.
"아하, 돈이 가득 든 우물은, 사실은 직업이었네요?"
아들의 말에 나는 짝짝짝 박수를 쳤어요. 맞아요. 사람은 누구나 직업을 갖는답니다.
그러나 직업은 꼭 돈을 벌기 위해서만 필요한 것은 아니에요.
직업을 통해 사람들은 자신이 진정으로 원하는 삶을 살게 되고,
자신이 진짜 잘할 수 있는 일로, 나와 내 주변 사람들을 행복하게 만들어 줄 수 있답니다.
어린이 여러분은 나중에 커서 뭐가 되고 싶어요?
어떤 일을 하며 어떻게 살고 싶나요?
아직은 잘 모르겠다고요?
호호호, 걱정하지 마세요.
엄마 손을 꼭 잡고 밖으로 나가 봐요. 그리고 동네 한 바퀴를 돌며
여러분이 진짜 하고 싶은 일이 뭔지 이웃을 관찰하며 찾아보기로 해요!

2012년
새록새록 새싹이 돋아나는 새봄에
이 명 랑

다 같이 돌자 직업 한 바퀴

1판 1쇄 발행 | 2012. 4. 12.
1판 19쇄 발행 | 2025. 10. 24.

이명랑 글 | 조경규 그림

발행처 김영사
발행인 박강휘
등록번호 제 406-2003-036호
등록일자 1979. 5. 17.
주소 경기도 파주시 문발로 197(우10881)
전화 마케팅부 031-955-3100 편집부 031-955-3113~20
팩스 031-955-3111

ⓒ 2012 이명랑·조경규
이 책의 저작권은 저자에게 있습니다.
저자와 출판사의 허락없이 내용의 일부를 인용하거나 발췌하는 것을 금합니다.

값은 표지에 있습니다.
ISBN 978-89-349-5614-3 77300

좋은 독자가 좋은 책을 만듭니다. 김영사는 독자 여러분의 의견에 항상 귀 기울이고 있습니다.
전자우편 bestbook@gimmyoung.com | 홈페이지 www.gimmyoung.com

| 어린이제품 안전특별법에 의한 표시사항 | 제품명 도서 제조년월일 2025년 10월 24일
제조사명 김영사 주소 10881 경기도 파주시 문발로 197 전화번호 031-955-3100 제조국명 대한민국
사용 연령 8세 이상 ⚠주의 책 모서리에 찍히거나 책장에 베이지 않게 조심하세요.